COLOREA y REFLEJA
MENTAL HEALTH JOURNAL IN SPANISH
♡ FOR SELF CARE ♡

This journal is the property of:

_____

Contact the author :
ashley@srtaspanish.com

MERECES TODO LO BUENO QUE TE ESTÁ PASANDO

PUEDES COMENZAR DE NUEVO

LO QUE QUIERES LLEGARÁ

CELEBRA TODO LO QUE TIENES PARA DAR

MERECES..

SER FELIZ.

SOÑAR EN GRANDE.

FELICITARTE POR TUS LOGROS.

CUMPLIR TUS SUEÑOS.

QUERERTE MUCHO.

DISFRUTAR LA VIDA.

AGRADÉCETE TODO LO FUERTE QUE HAS SIDO Y QUE ERES

MÁS AMOR MENOS ODIO

ACUÉRDATE QUE EL SOL SIEMPRE VUELVE A SALIR

CREER CREAR y CRECER

TODO LLEGA.

TODO CAMBIA.

TODO PASA.

NO TE ESTRESES POR LO QUE NO CONTROLAS

VIENEN UN MONTÓN DE COSAS BONITAS POR VIVIR

LA FELICIDAD LLEGA CUANDO:

ESTÁS EN PAZ CONTIGO MISMO.

VALORAS LO QUE ERES

DISFRUTAS EL TIEMPO CONTIGO

TE PERMITES SENTIR

ESCUCHAS TU CORAZÓN

PUEDES
PROBAR Y FALLAR
Y AÚN ASÍ TENER
ÉXITO

VUELVE A FLORECER

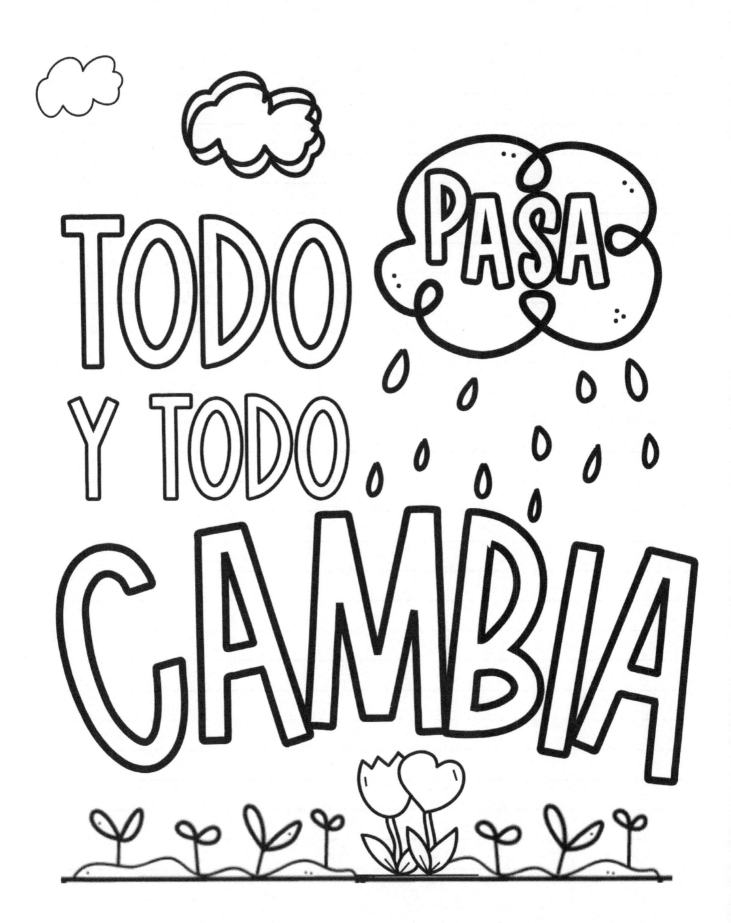

TU SALUD MENTAL IMPORTA

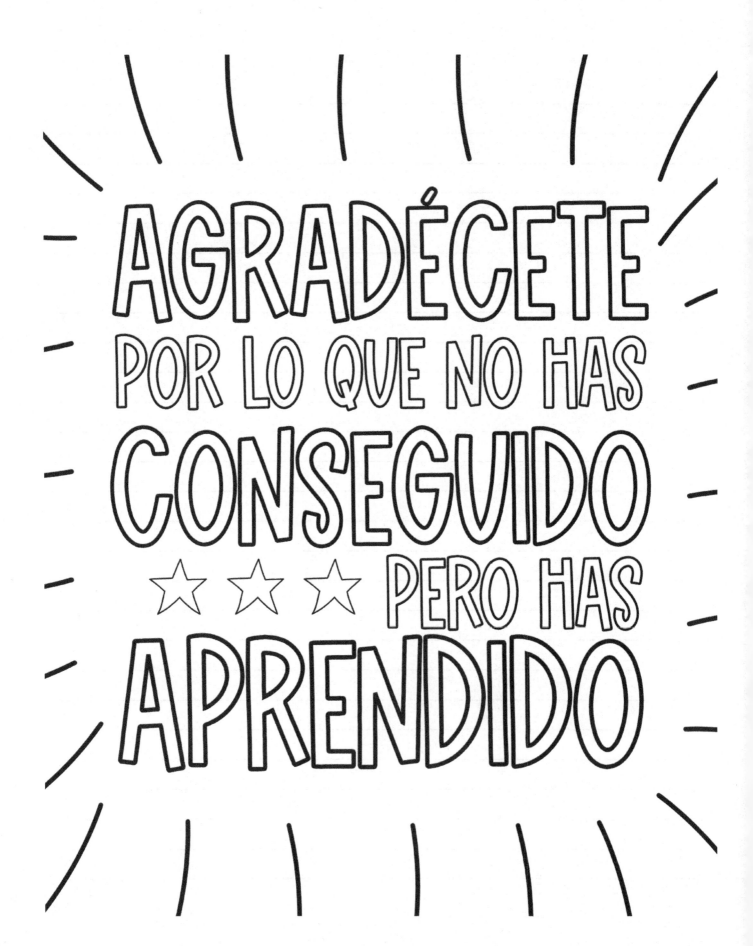

AGRADÉCETE POR LO QUE NO HAS CONSEGUIDO ★ ★ ★ PERO HAS APRENDIDO

GRACIAS POR TODO LO BUENO QUE HA LLEGADO

UN CORAZÓN AGRADECIDO ES UN CORAZÓN FELIZ

srtaspanish.com

Want a FREE virtual field trip you can use today?

Made in the USA
Las Vegas, NV
04 December 2024

13366980R00037